지은이 데즈카 아케미

1967년 일본에서 태어났습니다. 그래픽 디자인 회사에서 일하다가 1998년부터 일러스트레이터로 활동하고 있습니다. 일본아동출판미술가연맹 회원이며 지금까지 여러 책과 잡지에 그림을 그리고 글을 썼습니다. 우리나라에 소개된 책으로는 『지구의 보이지 않는 곳을 들여다보았더니』 『우주여행 우리도 갈 수 있어!』 『세계 지도 그림책』 등이 있습니다.

옮긴이 김지연

어린 시절부터 책은 가장 친한 친구였고, 자연스레 좋은 책을 만들고 싶다는 꿈을 꾸게 되었습니다. 지금은 그 꿈을 이루어 일본어로 된 어린이책을 아름다운 우리말로 옮기는 일을 하고 있습니다. 오늘도 어린이들에게 예쁜 꿈을 심어 줄 수 있기를 소망하면서 한 글자 한 글자 마음을 담아 번역하고 있답니다. 옮긴 책으로는 『지구의 보이지 않는 곳을 들여다보았더니』 『넌 어떤 힘을 가지고 있니?』 『말하면 힘이 세지는 말』 『우리 집 일기 예보』 『오늘 넌 최고의 고양이』 등이 있습니다.

감수·추천

서울과학교사모임

학교에서 아이들을 가르치면서 연구와 소통의 필요성을 느끼던 교사들이 1986년부터 물리, 화학, 지구과학, 생물 교과 모임을 만들면서 과학교사모임이 시작되었습니다. 1991년부터는 각 교과 영역을 통합하여 전국과학교사모임을 운영하고 있습니다. 그중 서울과학교사모임은 서울·경기 지역 과학 교사들이 모여 교과 내용 재구성, 학습 방법 연구, 실험 및 학습 자료 개발 등을 합니다. 연구 결과물은 전국과학교사모임과 공유합니다.
쓴 책으로는 『시크릿 스페이스』 『밑줄 쫙! 교과서 과학실험노트』 등이 있습니다.

일본지하수학회 시민커뮤니케이션위원회

일본지하수학회는 지하수에 관해 여러 관점에서 이해를 돕고자 노력하고, 깨끗한 지하수를 지키며 앞으로도 계속 사용할 수 있도록 연구하고 기술 보급에 힘쓰는 학회입니다. 일본지하수학회의 시민커뮤니케이션위원회는 사람들에게 지하수에 관한 정보를 널리 알리기 위해 활동하는 모임입니다.

※ 일러두기
　원서에서 일본 기준으로 표기된 수치는 한국 국가상수도정보시스템을 기준으로 수정하였습니다.

관|찰|하|는　　자|연|과|학

물의
보이지 않는 곳을 들여다보았더니

데즈카 아케미 지음 | 김지연 옮김 | 서울과학교사모임 감수·추천

물은 이어져 있어요.

싹둑싹둑 잘라도 다시 이어져요.

알갱이 크기
지름 **0.01**mm

안개

구름 속에 들어온 것처럼 온 세상이 새하얗게 보여요!
바로 안개 때문이에요.
꽁꽁 추운 날 숨을 후 내쉬면 하얀 입김이 생기고요.
따끈따끈 핫초코에서는 하얀 김이 모락모락 올라와요.
모두 물이 변신한 모습이에요.

알갱이 크기
지름 **0.2**mm~

눈

얼음 알갱이가 커지면 눈이 되어 내려요.
돋보기로 들여다보면, 예쁜 눈 결정이 보여요.
눈 결정은 제각각 모양이 달라요.

알갱이 크기
지름 **1.5**mm~

물은 여러 모습으로 변신하면서 우리와 함께 살고 있어요.

숲은 물을 저장하고 있어요.

물은 강에만 있는 건 아니에요. 숲속 여기저기에 숨어 있어요.
나무와 풀과 흙이 물을 빨아들여 잔뜩 머금고 있거든요.

빗방울에서 시작된 물은

한동안 비가 오지 않아도
강물은 마르지 않아요.
땅에서 강으로 물이 흘러가니까요.

물이 풍부한 숲과 강에서
갖가지 동식물이 어울려 살아가요.

끊임없이 이어지면서 흘러가요.

강물이나 지하수를 정수장에서 깨끗하게 만들면, 우리가 매일 쓰는 물이 되지요. 이 물도 처음에는 빗방울이었어요.

정수장

쓰고 버린 물은 하수관을 따라 하수 처리장으로 가요. 이곳에서 깨끗하게 걸러서 강으로 흘려 보내지요.

하수 처리장

아스팔트로 덮인 땅바닥으로는 물이 스며들지 못해요. 땅속으로 들어가지 못해서 물이 넘치기도 해요.

물은 이곳저곳 돌아다니다 우리 집까지 찾아와요.

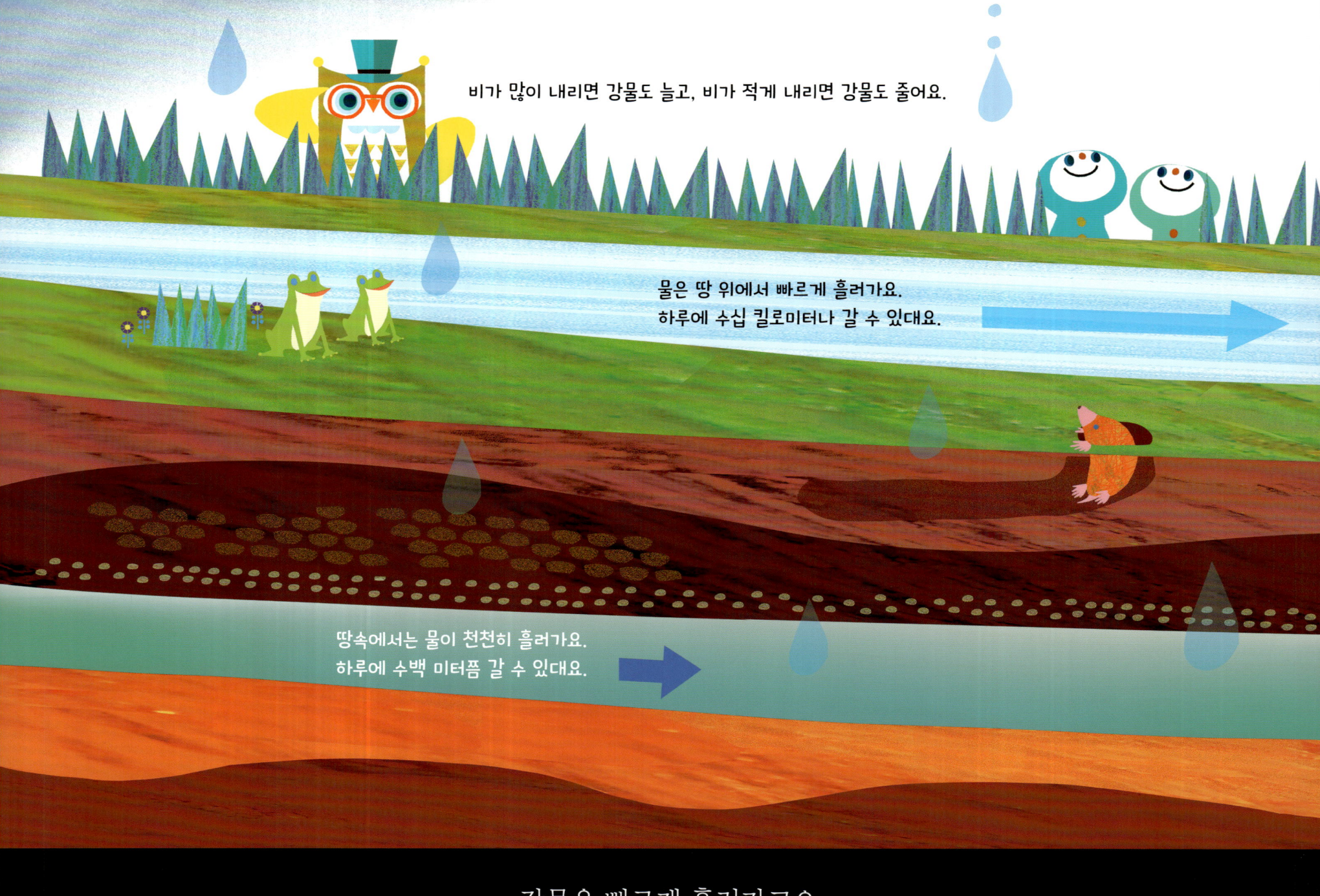

강물은 빠르게 흘러가고요.

흙 사이를 천천히 지나가면서 물은 저절로 깨끗해져요.
물에 녹아 있는 미네랄의 양에 따라 물맛이 달라져요.

지하수는 보이지 않는 곳에서 천천히 걸러진 물이에요.
깨끗하고 물맛도 아주 좋지요.

지하수는 천천히 흘러가요.

물은 눈에 보이지 않는 곳에서도 이어져 있어요.

간헐천

간헐천은 뜨거운 물이나 수증기를 분수처럼 뿜었다 멈췄다 하는 온천이에요.

온천

화산 아래에는 엄청나게 뜨거운 마그마가 흐르고 있어요. 마그마 때문에 뜨거워진 지하수가 땅 위로 솟아 나오면 온천이 되지요.

마그마

서로 다른 속도로 서로 다른 곳으로 흘러가요.

맛있어요!

땅속에 스며들었다
저절로 솟아 나온 샘물은
일 년 내내 온도 변화가 거의 없어요.
여름에는 시원해서 맛있고요.
겨울에는 따뜻해서 맛있지요.

변함없어요!

물은 쉽게 데워지거나 식지 않아요.
온도 변화가 크지 않아요.
땅속에 있는 물은
온도 변화가 더 작아요.

깨끗해요!

물이 깨끗한 곳은
공기도 맑고 상쾌해요.

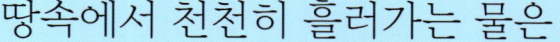

땅속에서 천천히 흘러가는 물은

600년?

얕은 지하수는
몇 주에서 수십 년,
깊은 지하수는 수백 년에서
만 년이나 걸려서 만들어져요.
평균적으로 600년이나 걸린대요.

잔뜩 있어요!

지구에는 지하수가 잔뜩 있어요.
땅 위에 있는 강과 호수보다
지하수가 훨씬 많아요.

지하수는 사람과 동물이 마시기도 하고,
농사를 짓거나 불을 끌 때 쓸 수도 있어요.
햇볕이 쨍쨍 내리쬐는 날에는 길에 뿌리기도 해요.
지하수는 아주아주 큰 도움을 주고 있어요.

자연이 만들어 준 특별한 선물이에요.

물은 물질을 녹이는 힘이 있어요.

그래서 물감을 풀면, 물도 같은 색깔로 물들어요.

무지개는 언제나
태양 반대편에서 나타나요.

공기 속에는 물방울이 들어 있는데요.
햇빛이 물방울을 통과하여 꺾이면서
일곱 빛깔 무지개가 만들어져요.

빛을 받아 알록달록 무지개도 보여 주지요.

수증기
얼음
물

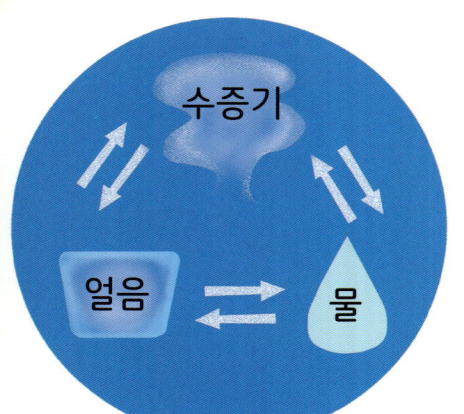

책상 위에 놓인 물이 세 종류예요. 어떻게 다른지 살펴보아요.
얼음이 녹으면 물이 돼요. 수증기는 눈에 보이지 않아요.

100℃
0℃
수증기
(기체)
물
(액체)
얼음
(고체)

물은 온도에 따라 세 가지 모습으로 변신해요.

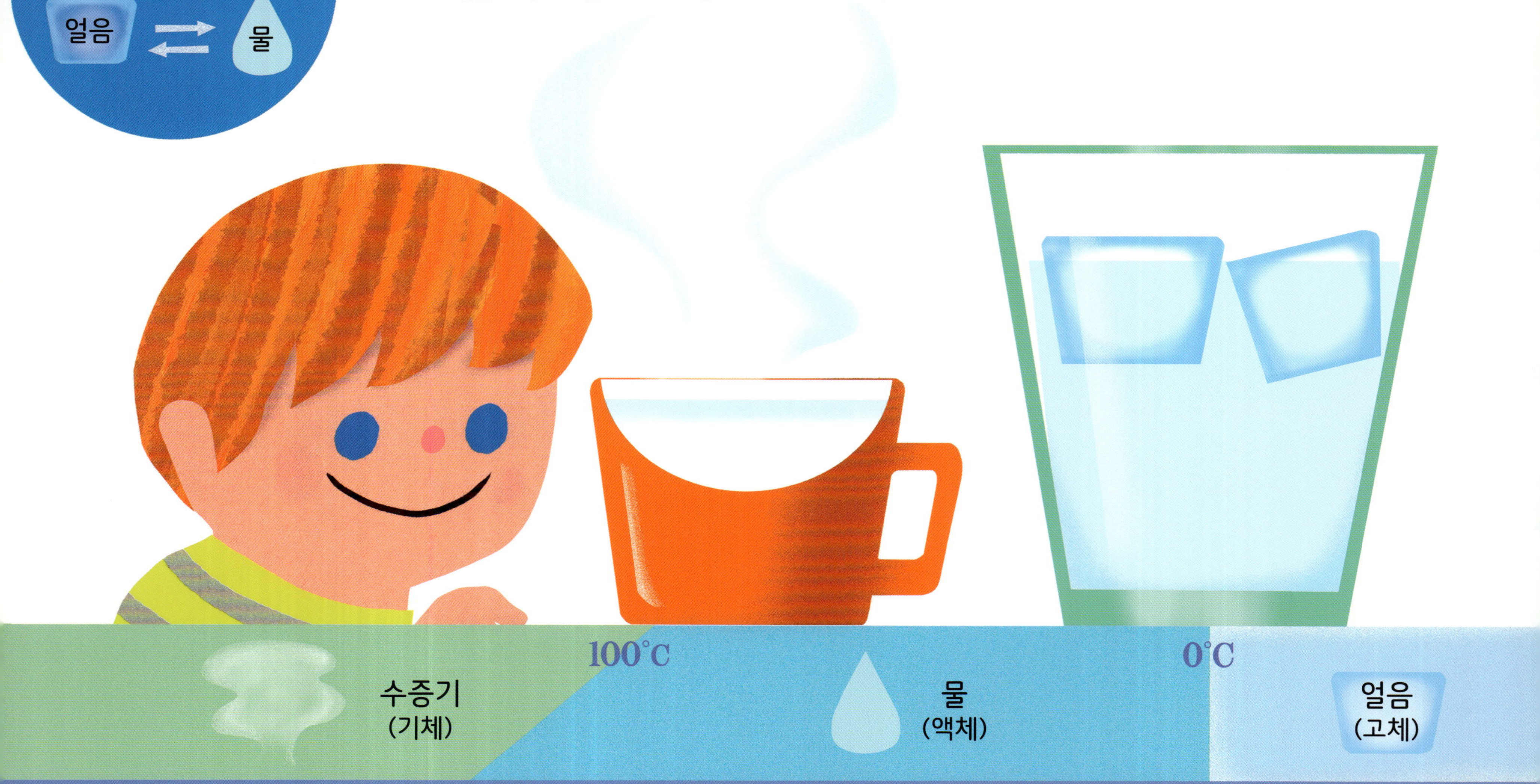

북극

얼음이 물에 뜨는 것과
큰 배가 물에 뜨는 것은 같은 원리예요.
같은 크기일 때 물보다 가벼우면 뜨고, 무거우면 가라앉아요.
얼음과 물이 같은 크기일 때 얼음이 물보다 가벼워요.
그래서 얼음은 물에 둥둥 뜰 수 있지요.

배 안쪽은 비어 있고,
그 공간에는 공기가 들어 있어요.
그래서 배와 물이 같은 크기일 때 배가 물보다 가벼워요.
튜브도 안에 공기가 들어 있어서 물에 뜰 수 있지요.

물은 천하장사처럼 힘이 세요.

남극

유빙
유빙은 바닷물이나 강물이 얼어서
바다 위를 떠다니는 얼음이에요.

빙산
땅에 눈이 쌓이고 쌓여서
빙하라는 얼음덩어리가 생기는데요.
빙하에서 떨어져 나와 바다를
흘러 다니는 얼음을 빙산이라고 해요.
남극에는 땅처럼 널찍한 빙산이
둥둥 떠다니고 있어요.
바다 위로는
빙산의 일부만 보여요.

커다란 얼음덩어리며 쇠로 만든 배도 번쩍 들어 올려요.

과일과 채소와 동물 몸속에 물이 들어 있어요.

살찐 사람
약 **50%**

마른 사람
약 **65%**

들어오는 물
2500 mL

음료수 1000 mL
음식 1200 mL
몸속에서 만드는 물 300 mL

빠져나가는 물
2500 mL

오줌   1400 mL
땀   600 mL
숨   400 mL
똥   100 mL

숨을 내쉴 때도
하루에 한 컵 정도
수분이 빠져나가.

잠자는 동안에도
한 컵 정도 땀을 흘려요.
나도 모르게
수분이 빠져나가요.
그러니까 물을
자주 마셔야겠죠?

물은 날마다 우리 몸속을 들어왔다 나갔다 해요.

2리터짜리 페트병
147개(약 **294**리터).

우리나라에서
한 사람이 하루에 쓰는
물의 양이래요.

하지만 하루에 물 **20**리터(페트병 **10**개)도
쓸 수 없는 나라가 **30**곳이 넘어요.

화장실 물 내리기(똥) **12~20L**

화장실 물 내리기(오줌) **8~12L**

오늘은 물을 얼마나 썼나요?

우리는 물을 쓰지 않고 살기 힘들어요.

수증기

이제 물은 바다로 가요. 출발!

우리가 쓰고 버린 물은 바다로 흘러가요.

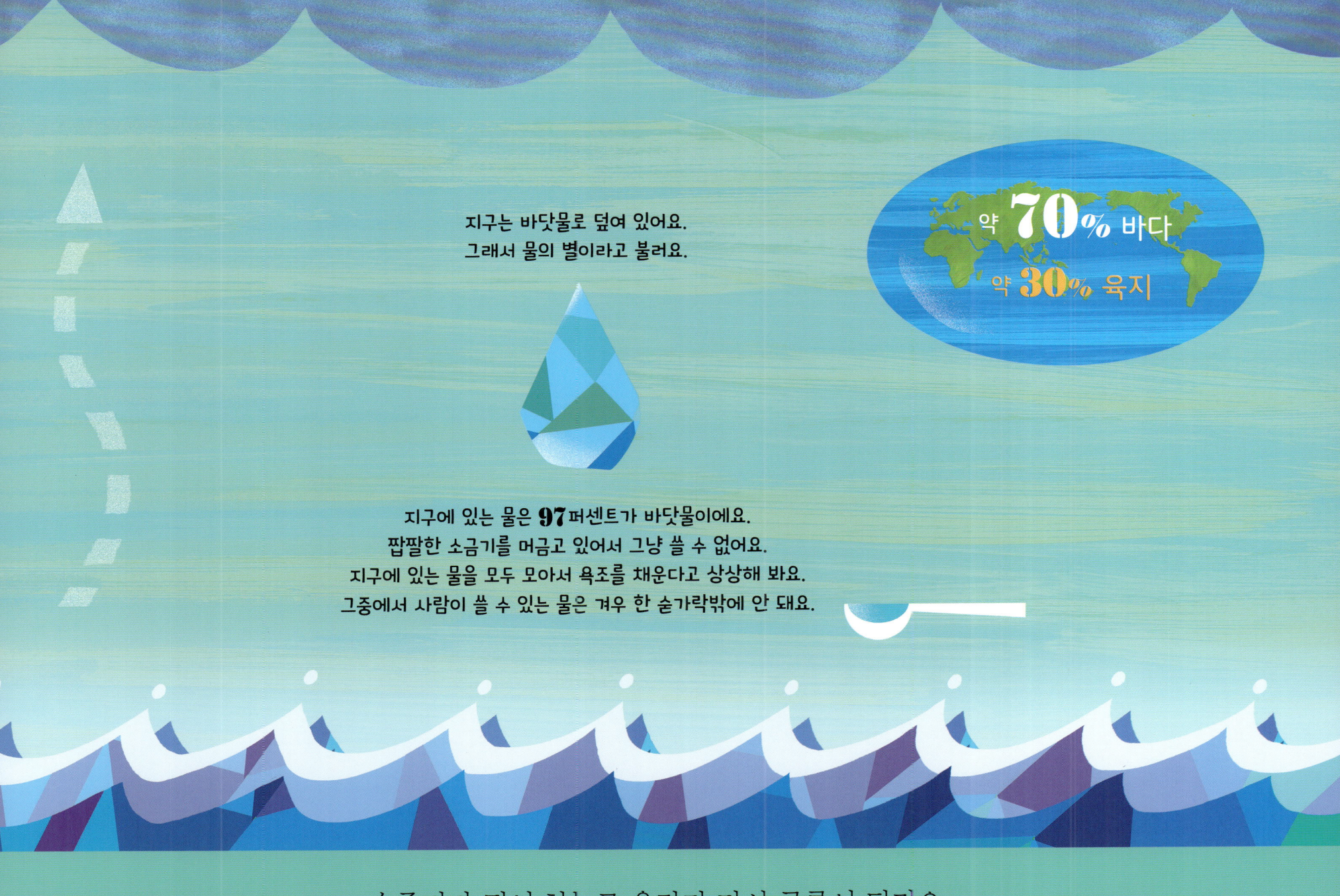

물은 모습을 바꾸면서 쉴 새 없이 돌고 돌아요.

앗,
또 빗방울이 떨어져요!

「생각을 더하는 그림책」은 우리 아이들이 넓고도 깊은 생각을 할 수 있도록 국내외 좋은 그림책들을 모아서 구성한 그림책 시리즈입니다.

관찰하는 자연과학
물의 보이지 않는 곳을 들여다보았더니

초판 1쇄 2020년 12월 20일 | 초판 3쇄 2024년 4월 5일

지은이 데즈카 아케미 | **옮긴이** 김지연 | **감수·추천** 서울과학교사모임
펴낸곳 책속물고기 | **출판등록** 제2021-000002호
주소 서울특별시 영등포구 양평로 157, 1112호
전화 02-322-9239(영업) 02-322-9240(편집) | **팩스** 02-322-9243
전자우편 bookinfish@naver.com
카페 http://cafe.naver.com/bookinfish | **인스타그램** @bookinfish

ISBN 979-11-6327-087-4 77400

※ 이 책의 내용을 쓰고자 할 때는 저작권자와 출판사 양측의 허락을 받아야 합니다.
※ 잘못된 책은 바꾸어 드립니다.
※ 값은 뒤표지에 있습니다.

품명 아동 그림책   사용연령 7세 이상
주의사항 종이에 베이거나 긁히지 않도록 조심하세요.
책 모서리가 날카로우니 던지거나 떨어뜨리지 마세요.
KC마크는 이 제품이 공통안전기준에 적합하였음을 의미합니다.

Originally published in Japan by PIE International

Under the title
のぞいてみよう しぜんかがく みず (Water: Take a Look into Natural Science)
© 2019 akemi tezuka / PIE International
Korean translation rights arranged through TOHAN Corporation, Japan

Original Japanese Edition Creative Staff
Illustration and Text: Akemi Tezuka
Supervisor: Japanese Association of Groundwater Hydrology, Citizen Communication Committee
Designer: Hiroko Murata / Editor: Maki Yoshimura

All rights reserved.
No part of this publication may be reproduced in any form or by any means, graphic, electronic or mechanical,
including photocopying and recording by an information storage and retrieval system,
without permission in writing from the publisher.

이 책의 한국어판 저작권은 (주)엔터스코리아를 통해 저작권자와 독점 계약한 책속물고기에 있습니다.
저작권법에 의하여 한국 내에서 보호를 받는 저작물이므로 무단 전재와 무단 복제를 금합니다.

※ 원서 참고문헌 및 참고자료

· 이노우에 마사코 (2013) : 몸이 기뻐하는 물 마시는 법. HEALTHIST, 220
· 오노시 (2017) : 『이 물의 문제를 푼다면 너는 노벨상을 탈지도 몰라!』
· 오구라 요시미츠 (1984) : 『일반기상학』 도쿄대학출판회
· 오모리 히로오 (1993) : 『지구 통째로 생각하다5 물은 지구의 생명선』 이와나미서점
· 가야네 이사무 (1973) : 『수문학강좌3 물의 순환』 공립출판
· 환경성 (2014) : 『열사병 환경 보건 매뉴얼』
· 환경성 홈페이지 「정화조에 의한 지역 물환경 개선의 노력」
    https://www.env.go.jp/recycle/jokaso/pamph/water_improvement.html
· 기쿠치 가츠히로 (1979) : 눈의 결정 관찰. 날씨, 26-1
· 기무라 류지 (2019) : 『뉴턴 별책 날씨와 기상의 교과서』 뉴턴프레스
· 구라모토 미치루 (2005) : 『일본산 양서류의 체수분량과 한계수분소실량』 파충양서류학회보
· 사마키 다케오 (2000) : 『입문 비주얼 생태학 맛있는 물 안전한 물』 일본실업출판사
· 진학교실 사빅스초등학교부 (2006) : 『지구를 둘러싼 생명의 물』 리이후출판
· 도쿄도수도국 홈페이지 : https://www.waterworks.metro.tokyo.jp/faq/qa-14.html (2019년 3월 18일 열람)
· 일본지하수학회·이다 데츠시 (2009) : 『보이지 않는 거대수맥 지하수의 과학』 강담사
· 농업용지하수 연구그룹 '일본의 지하수' 편집위원회 (1986) : 『일본의 지하수』 지구사
· 문부과학성 과학기술·학술심의회 원조사분과회 (2015) : 일본식품표준성분표 2015년판(7정)
    https://www.mext.go.jp/a_menu/syokuhinseibun/1365295.htm (2019년 3월 19일 열람)
· 요시가와 하루히사 (1979) : 물과 인체정리 체내의 수분과 물의 기능. 공기조화·위생공학, 53 (7)
· 야마모토 료이치 외 (2008) : 『물 이야기 물을 둘러싼 7가지 이야기』 다이아몬드사